de

FERRER

Martyr

de la Libre-Pensée

PARIS (8e)

SOCIÉTÉ DES CONFÉRENCIERS PO[...]

38, RUE DU COLISÉE, 38

Ferrer, Martyr de la Libre-Pensée [1]

MESSIEURS,

Vous avez tous, présentes à la mémoire, les scènes révolutionnaires qui, pendant huit jours, se déroulèrent à Barcelone, en juillet 1909. Le 23 juillet, un lundi, à l'heure où le travail commençait dans les ateliers, des hordes sinistres, sorties des bas-fonds de la société, se pressèrent à la porte des chantiers pour forcer les ouvriers à suspendre le travail.

Usines et ateliers fermés, la grève générale fut proclamée. Les émeutiers, au nombre de six mille d'abord, atteignirent bientôt le chiffre de trente mille.

Profitant du départ des troupes pour le Maroc (le moment était bien choisi, il ne restait presque plus de soldats pour assurer l'ordre), l'armée révolutionnaire, aux ordres d'un franc-maçon, appelé Ferrer, se croyait très sûre d'arriver à son but : «Proclamer la République
« à Barcelone sur les ruines fumantes des établissements
« religieux incendiés et sur les cadavres des Catholiques
« noyés dans le sang, avec l'espérance qu'elle le serait
« dans le même temps à Madrid et dans toutes les villes
« d'Espagne. »

Le plan était admirablement combiné. Il eût, sans doute, réussi sans l'énergie du premier ministre, l'illustre Maura, qui sut habilement déjouer ces projets révolutionnaires. A la première nouvelle de l'émeute, Maura

(1) Conférence faite à Nantes, en avril 1911, aux membres de la Ligue antijuive et antimaçonnique de la Loire-Inférieure.

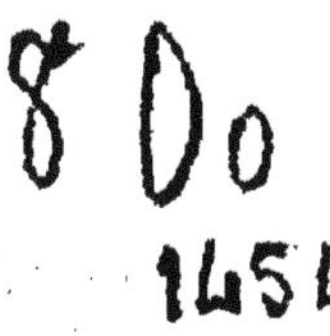

fait signer au roi un décret suspendant les garanties constitutionnelles sur tout le territoire espagnol.

Le lendemain, l'état de siège est proclamé à Barcelone. Grâce à son initiative hardie, Maura circonscrit la Révolution, empêche son éclosion dans presque toute l'Espagne, et, par ce moyen, pour un temps, sauve la couronne d'Alphonse XIII.

Malheureusement, à Barcelone, par suite du départ de la plus grande partie des troupes, la répression ne put être organisée avec des forces suffisantes et la belle capitale de la Catalogne connut les tristes jours de la Révolution. Pendant toute une semaine, la ville et sa banlieue devinrent la proie des émeutiers.

On vit alors, dans toute son horreur, la réalisation du rêve des lanterniers des Loges : d'immondes brutes qui ont toujours à la bouche les grands mots de civilisation, de progrès, de lumière, d'humanité, de conscience universelle, et dont les œuvres, partout où on les laisse opérer, en 1793 lors de notre grande Révolution, pendant la Commune de 1871, en Portugal ou à Barcelone, et dont les œuvres, dis-je, consistent toujours à tout détruire, à tout bouleverser, à tout mettre à feu et à sang.

Dès le premier jour de l'émeute, Barcelone est isolée du reste de l'Espagne. Toutes les voies ferrées sont coupées, aucun train ne peut y arriver ni en repartir. Plus de gaz, plus d'électricité, plus d'eau dans la ville. Les postes, le télégraphe, le téléphone ne fonctionnent plus. Les voitures, les tramways ne sortent pas. Les magasins sont fermés comme les usines et les ateliers. Toute la vie commerciale, industrielle et même matérielle est supprimée. Impossible de renouveler les approvisionnements. Aussi, dans une ville de 600.000 âmes, les réserves s'épuisent vite, et les boulangers, n'ayant plus de farine, durent refuser de vendre du pain. Encore quelques jours, et les habitants seraient morts de faim dans l'une des villes les plus belles et les plus riches de l'Europe.

Pendant ce temps, les troupes de la F∴ Maç∴, encouragées, commandées par un homme alors inconnu en France et dont le nom est aujourd'hui tristement célèbre dans le monde entier, j'ai nommé François *Ferrer*, pendant ce temps, dis-je, les troupes maçonniques exécutaient fidèlement les ordres de leur chef, franc-maçon de haute volée, à savoir : le pillage et l'incendie des couvents, des églises, des orphelinats, l'assassinat des prêtres, des religieux, des sœurs et de tous ceux qui cherchaient à les défendre.

Le nombre et l'horreur des atrocités commises pendant ces tristes jours dépassent tout ce qu'on peut imaginer. Une religieuse, échappée par miracle à la mort, écrit à une de ses amies : « Rien n'a été respecté, ni les
« belles églises si riches en œuvres d'art, ni les nombreux
« couvents, même les couvents cloîtrés, pas même les
« asiles de bienfaisance abritant les pauvres, les orphe-
« lins, les vieillards, comme les Petites Sœurs des Pau-
« vres. Les petites Sœurs de l'Assomption, appelées par-
« fois les servantes des pauvres, parce qu'elles vont
« les soigner et les servir à domicile, ont eu la dou-
« leur de voir un de leurs protégés verser lui-même le
« pétrole sur leur maison et y mettre le feu. L'une des
« sœurs, une pauvre vieille de 70 ans, qui n'avait pu
« fuir à temps, fut chassée par ces misérables, après
« avoir été fouillée de la manière la plus honteuse (1). »

---

(1) Extrait d'une lettre de Barcelone du 2 août 1909 adressée par une religieuse du Bon-Pasteur de Barcelone à sa maison-mère. Cette lettre a été publiée par la *Semaine Religieuse d'Angers*.

Le correspondant d'un journal anglais, résidant à Barcelone, écrit à son journal qu'il a vu des prêtres et des religieuses sauvagement massacrés les uns pendant qu'ils étaient à l'autel, les autres au cours de leurs prières dans leurs chapelles. — Il raconte qu'il a vu un cortège de 10.000 révolutionnaires parcourant les rues et portant en triomphe les restes carbonisés de leurs victimes.

La canaille déchaînée, ivre d'alcool, de sang et de luxure, s'acharnait sur les pauvres religieuses, les dépouillait de leurs vêtements, les torturait et les outrageait. Des femmes et des filles perdues excitaient la canaille et l'on a vu l'une de ces mégères, à l'occasion marchande de volailles, avisant une religieuse livrée aux assassins, s'armer d'un long coutelas et, d'un geste violent, s'écrier : « Laissez-moi faire maintenant, vous allez voir : je vais l'ouvrir comme une volaille. »

Alors, sous les yeux de la foule ignoble, la furie éventra la religieuse et, de ses mains visqueuses et moites de sang tout fumant, tira par paquet les entrailles que l'infâme multitude se partagea. De telles scènes et de tels récits épouvantent. Pardonnez-moi de vous les avoir décrits.

Et maintenant, m'adressant aux francs-maçons, ces bons apôtres de l'humanitarisme et de la conscience universelle, pourfendeurs patentés du crime, je leur dis : « Admirez, Messieurs, applaudissez,.. voilà vos œuvres. » C'est par milliers que l'on a compté, à Barcelone, les infortunées victimes de *Ferrer* et de sa bande maçonnique. Les morts furent si nombreux qu'il fallut donner une paie supplémentaire aux fossoyeurs.

*_**

Et quelle fut, vous demandez-vous sans doute, la cause

de cette sédition, de cette révolution? Le prétexte apparent, si on en croit les journaux à la solde des Loges, fut l'impopularité de la guerre marocaine, pour protester contre le gouvernement qui avait envoyé des soldats au Maroc. Ce hideux mensonge dégage bien une odeur de maçonnerie.

Comment l'admettre, en effet, quand on voit que ces étranges désordres ont pris pour premier objectif de leur fureur, *non pas* les troupes qui partaient, mais les moines, les religieuses, les prêtres et les catholiques qui, eux, ne partaient pas ; *non pas* les arsenaux où l'on prépare la guerre, mais les établissements pieux et charitables, les couvents, les églises où l'on prie chaque jour au *Gloria in excelsis* pour la paix entre les hommes.

Puis, si le prétexte est vrai, n'eût-il pas été plus logique d'empêcher les troupes de partir au Maroc au lieu d'attendre leur départ pour commencer l'émeute? Quelle singulière déviation du sens commun ! Et ne voyez-vous pas, Messieurs, dans cet illogisme, dans ce nonsens, la main de la Franc-Maçonnerie?

Au surplus, cette vague révolutionnaire, d'une impétuosité et d'une puissance considérables, semble, au premier abord, devoir indistinctement tout détruire sur son passage. Elle est passée. Examinez son œuvre. Pas un monument public n'a été attaqué, les autorités civiles ont été respectées, aucun juif n'est molesté, ni même inquiété.

Seuls sont saccagés, incendiés, détruits, les établissements catholiques de piété, d'enseignement, voire même les maisons charitables dont profitent surtout les ouvriers et les malheureux, les principales victimes de cette révolution. Seuls sont attaqués, torturés, insultés, assassinés, les catholiques et surtout les religieuses et les prêtres. Ainsi, le vrai motif, le seul qui permette d'expliquer les atrocités de Barcelone, c'est que la Franc-Maçonnerie croyait l'Espagne mûre pour devenir sa proie.

On reste étonné et confondu, Messieurs, devant cette discipline dans l'armée du désordre. C'est qu'on s'imagine qu'une émeute est toujours spontanée. Il n'en a rien été pour celle de Barcelone. Depuis de longs mois, dans ses écoles, dans ses programmes, dans ses instructions à ses initiés, *Ferrer* préparait son œuvre, ou plutôt l'œuvre maçonnique dont il était chargé, à savoir : détruire la monarchie espagnole sur les ruines de la religion et de l'Eglise.

Il est donc vrai de dire que cette semaine, qui portera dans l'histoire de Barcelone le nom de « semaine sanglante ou semaine d'enfer », n'est qu'un épisode de la Guerre anti-sociale, anti-religieuse, anti-gouvernementale que la Franc-Maçonnerie ne cesse d'entretenir dans toutes les nations.

**

Qu'est-ce donc ce *Ferrer* dont j'ai déjà plusieurs fois prononcé le nom ? Je puiserai la plupart de mes renseignements dans son panégyrique (1) fait, rue Cadet, par un f∴ m∴, le Dr *Sicard de Plouzolles*, à une grande manifestation de la libre-pensée, le 31 octobre 1909. J'y ajouterai certains traits et je ne manquerai pas l'occasion de vous faire remarquer la façon fantaisiste dont parfois un franc-maçon écrit l'histoire.

Ferrer naquit en 1859, dans la province de Barcelone, d'une famille modeste, pieuse et monarchique qui l'éleva chrétiennement, mais eut le tort de le placer, à 13 ans,

---

(1) Voir *F∴ M∴ démasquée* du 25 novembre 1909.

chez un libraire libre-penseur où il se perdit. Plus tard, *Ferrer* devient employé de chemin de fer. En 1884, il entre dans la F∴ Maç∴ et il se fait initier à la Loge Verdad, Or∴ de Barcelone. L'année suivante, à peine âgé de 26 ans, il s'associe à l'agitation républicaine qui se produisit en Catalogne. Quelques années après, il prend part à une autre insurrection. C'est déjà un révolutionnaire de marque. Convaincu d'avoir utilisé ses fonctions d'employé de chemins de fer pour la propagande révolutionnaire, il est obligé de s'expatrier afin d'échapper au châtiment. Il se réfugie à Paris. En 1890, il entre à la Loge « les Vrais Experts », Or∴ de Paris. Plus tard, il est élevé au 31ᵉ grade. Sans ressources, il est obligé, pour vivre, de donner des leçons d'espagnol ; il devient même professeur des cours d'espagnol faits au Gr∴ Or∴, rue Cadet. C'est à cette époque qu'il devient professeur de Mˡˡᵉ Meunier, personne d'un certain âge, fort riche, parfaite chrétienne, qui désire employer sa fortune à des œuvres catholiques. *Ferrer* s'insinue dans sa confiance en affichant des dehors religieux.

L'hypocrite réussit. Son élève lui remet de fortes sommes qu'il s'engage à employer dans la fondation d'écoles religieuses pour les enfants pauvres de Barcelone. Mˡˡᵉ Meunier mourut prématurément, non toutefois sans songer à son œuvre de prédilection à laquelle *Ferrer* l'avait intéressée. Par testament, elle lui légua près d'un million pour lui permettre de la développer.

Mais, en bon franc-maçon qu'il est, *Ferrer* détourne cette fortune de sa destination sacrée ; il commet à l'endroit de sa bienfaitrice un véritable abus de confiance. Avec cet argent, il fonde ses fameuses écoles modernes et une maison d'édition, foyers actifs d'anarchie et de propagande révolutionnaire.

En 1906, *Ferrer* est accusé de complicité dans l'attentat commis à la calle major à Madrid sur le roi et la reine d'Espagne, le jour de leur mariage. Arrêté, convaincu d'avoir préparé la bombe, il reste plusieurs mois en prison, puis il est gracié par le roi d'Espagne.

Le F∴ Maçon, son panégyriste, affirme qu'il ne participa en rien aux événements de Barcelone, où il se trouvait cependant, dit-il, appelé par la maladie d'une de ses nièces. Arrêté, ajoute-t-il, le 29 août, *Ferrer* est condamné à mort sur l'ordre de l'évêque de Barcelone et des Jésuites, après une parodie de justice devant un conseil de guerre, et fusillé à Montjuich le 13 octobre 1909.

La vérité, Messieurs, comme je le prouverai dans un instant, est tout autre. *Ferrer* a été condamné suivant toutes les règles de la procédure espagnole, sur le témoignage de 70 témoins, la plupart ses amis politiques, et sur son propre aveu final, pour sa participation effective dans les crimes horribles de la « semaine d'enfer » ; et son exécution a été si régulière que, à cette époque, pas un Espagnol ne l'a contestée ; mais il ne faut pas demander la vérité aux Francs-Maçons, ils mentent comme ils respirent.

Vous m'en voudriez, j'en suis sûr, si je ne vous donnais pas un portrait plus complet de *Ferrer*. Considérons donc en lui le *citoyen*, l'homme, l'*époux* et le *père* : nous examinerons ensuite le bienfaiteur du peuple et le maître d'école.

Pour mieux juger *Ferrer* comme *citoyen*, prenons ses œuvres : Écoutez cette proclamation lancée par *Ferrer*. Elle a été reproduite dans « la Bastille » du 9 octobre 1909 :

« Compagnons de dégradation, de misère et d'igno-

« minie, si vous êtes des hommes, écoutez-moi..., écra-
« sons ces infâmes bourgeois... Avant d'édifier, ruinons
« tout; si, parmi les politiciens, quelques-uns font appel
« à votre humanité,... tuez-les... »

Et maintenant, voici son programme, il se passe de
tout commentaire : « Abolition de toutes lois; expulsion
de toutes les communautés religieuses; dissolution de
la magistrature, de l'armée, de la marine; démolition
des églises; confiscation des biens...; confiscation des
chemins de fer et de toutes Sociétés de crédit... »

A la fin d'une proclamation plus violente encore que
celle dont je viens de vous lire quelques passages, il
donne des conseils sur la fabrication des bombes, et il
ajoute : « Je joins une recette pour fabriquer la panclas-
tite... » Dans une autre proclamation, il fait le brave :

« Vous êtes tous d'accord pour faire la révolution :
« nous autres, révolutionnaires, nous devons nous dé-
« vouer à la cause. Cherchons 3oo camarades disposés
« comme nous à jouer notre tête... »

Ces citations vous suffisent pour juger en *Ferrer* le
citoyen. Je puis donc conclure, avec le Docteur *Terrien*,
radical, qui, à la séance du conseil municipal radical
socialiste de Nantes du 11 février 1910, prétendait que
ce serait une monstruosité de donner à l'une de nos rues
le nom de *Ferrer*, je conclurai, dis-je, avec le Docteur
Terrien : *Ferrer* n'est qu'un anarchiste et un révolutionnaire. J'ajouterai un assassin.

L'homme privé en Ferrer, vaut-il mieux que le citoyen?
Nous allons l'examiner sous les deux aspects du cou-
rage et du désintéressement. *Ferrer*, chef de groupe,
est-il brave et courageux? Sans parler de sa fuite honteuse de Madrid, en 1906, après son attentat contre les

époux royaux, le jour de leur mariage, voyons-le seulement au cours des événements de la « semaine d'enfer » de Barcelone.

Ferrer est le chef de l'émeute. Il a tout conduit, tout organisé. Il est là, la justice le prouvera, encourageant les émeutiers, leur donnant des ordres ; mais, soudain, il ne se sent pas en sûreté. En bon meneur qu'il est, il s'empresse d'éviter les responsabilités de ses actes, il prend la fuite.

Sa fuite se fait-elle dignement, le visage découvert ? Non point. Il se déguise, il cherche à se défigurer en faisant couper sa barbe. Il cache même son identité d'une façon grotesque : « Laissez passer, dit-il aux soldats qui « l'arrêtent à la frontière, laissez passer un amoureux « surpris par le mari de sa belle et qui s'en va au plus « vite parce qu'il est poursuivi... » Heureusement les soldats restent insensibles à ce boniment. Ils ne lâchent pas leur prisonnier qu'ils conduisent à la mairie voisine, où, là, *Ferrer* est reconnu.

Quelle attitude a-t-il devant ses juges, ce peureux, ce fuyard ? Va-t-il crânement, comme un chef, revendiquer la responsabilité de ses actes ? On l'interroge, il ne sait rien, il nie tout, il joue au petit saint ; dans ses confrontations avec les témoins, stupéfaits de son impudence, il biaise hypocritement. Son cynisme dans la négation est tel qu'ils prétendent qu'il est capable de tout nier, jusqu'à la lumière du soleil.

Lâche et poltron, c'est un fait avéré, comment *Ferrer* est-il arrivé à la *fortune* au point de laisser à sa mort plusieurs millions ? Nous l'avons vu employé de chemin de fer ; puis, professeur d'espagnol à Paris. Il n'avait donc pas de rentes ; et, je ne l'en blâme pas, il devait travailler pour vivre.

A l'instant, je viens de vous dire comment il capta l'héritage de M⁰ˢ Meunier par un véritable abus de confiance. Le voilà millionnaire. Cette fortune ne lui suffit pas. Il achète à vil prix les œuvres de pauvres diables d'écrivains pour les revendre avec de gros bénéfices. Il profite même, oh ! horreur ! de la révolution qu'il suscite pour gagner dans un joli coup de bourse plus d'un million de douros, c'est-à-dire plus de 5 millions de francs.

Je vous réserve, pour finir, la preuve que *Ferrer* est un *escroc*, qu'il a commis sans vergogne l'escroquerie au mariage. Comment qualifier autrement le fait d'un homme qui, ayant promis le mariage à une jeune fille, se fait remettre sa fortune, soi-disant pour la gérer, et qui l'abandonne sans la lui rendre? Mˡˡᵉ Léopoldine *Bénard*, l'héroïne infortunée de ce roman, réclame aujourd'hui à la succession de l'anarchiste, nous apprend le journal « le Temps » du 8 juin 1910, les 105.000 francs que *Ferrer* lui a escroqués en lui promettant le mariage.

Poltron, voleur, escroc, voilà l'homme !

Quant à l'*époux* et au *père*, vous allez en juger. Après 3 ans de mariage, il divorce. La vie de sa malheureuse femme, qu'il avait du reste séduite avant de l'épouser, fut un cruel calvaire. De son union étaient nées trois filles qu'il arracha dès leur naissance aux soins et aux tendresses de leur mère. Il confie la dernière à l'Orphelinat Maç... pour se dispenser de l'élever. Les deux aînées, il les abandonne, comme leur mère, du reste, dans la plus profonde misère, après les avoir fait baptiser maçonniquement au cours d'une fête d'adoption au Gr∴ Or∴ de France.

Alors que, lui, l'archimillionnaire, il mène une vie de grand seigneur, il oblige ses filles à travailler pour vivre, l'une comme ouvrière dans une biscuiterie, l'autre comme artiste dans un théâtre.

Ferrer mort, on ouvre son testament. Dans cet acte suprême, peut-être a-t-il entendu la voix de ses enfants? A chacune de ses filles, il lègue, en effet, parce que la loi l'y oblige, une somme de 2.000 francs.

Quant à tous ses millions, il les laisse à l'anarchiste *Portal*, son légataire universel, moins 400.000 francs pour son amie, Soledad *Villafranca* ; c'est-à-dire le champagne à sa maîtresse et une bouchée de pain à ses enfants. Encore la leur retire-t-il de la bouche après la leur avoir donnée, car il leur intime l'ordre de refuser son legs.

Cet homme, mauvais père, mauvais époux, a-t-il au moins, durant sa vie, *travaillé à l'amélioration du sort des ouvriers?* Inutile de vous donner la preuve du contraire. Un anarchiste ne sait que détruire et non rendre service. Affirmons donc, en dépit des assertions contraires des francs-maçons, ses amis, que *Ferrer* n'est ni un bienfaiteur du peuple, ni un apôtre du progrès. C'est un vulgaire malfaiteur.

Un mot encore sur son *Enseignement* : Maître d'école, *Ferrer* ne pouvait l'être. Il était dépourvu de toute culture littéraire et scientifique. Il ne savait que dépraver la jeunesse et l'exciter à la révolte et à la haine en lui enseignant dans ses écoles modernes, dites « laïques régionalistes », des principes subversifs, comme les suivants tirés du catéchisme en usage dans ses établissements :

« Dieu est une conception puérile de la peur. La propriété, c'est le vol, la ruse, la coquinerie de l'industrie et du commerce... Le drapeau n'est qu'un calicot attaché à un bâton... Ceux qui organisent les armées sont des bourreaux assassins de l'humanité ... à la première déclaration de guerre, la grève des soldats doit être déclarée... »

Il professe aussi l'union libre, l'amour libre après l'avoir lui-même largement pratiqué.

Ferrer n'écrivait-il pas, le 26 mai 1906, à Nakens : « Mon dessein est, je le confesse, de faire des anarchistes convaincus. » Aussi ne faut-il pas s'étonner que, profitant de la suspension des garanties constitutionnelles proclamée le jour même de l'émeute de Barcelone, le Gouvernement ferme les écoles fondées par *Ferrer*.

Comme l'opposition révolutionnaire en fit grief au cabinet *Maura*, le ministre de l'Intérieur justifia ainsi cette mesure : « Les écoles que nous avons fermées s'ap-
« pelaient laïques, elles étaient en réalité anarchistes. On
« y donnait un enseignement contraire aux institutions,
« à la religion et à l'ordre social. On y prêchait l'assassi-
« nat et l'incendie des couvents. Nous ne pouvions pas
« le tolérer, et je crois qu'aucun gouvernement, même
« ceux qui ont des idées très avancées, ne peut permet-
« tre qu'on inculque à l'enfance de semblables doctrines.
« Et de fait, ajoutait-il, la conséquence de cet ensei-
« gnement a été la part prise par des centaines d'enfants
« aux incendies des couvents et aux barricades de Bar-
« celone. »

Quoique ne faisant que mettre en pratique les théories athées, immorales, anti-patriotiques des judéo-
Francs-M∴ ses maîtres, théories que, malgré les évê-
ques et les pères de famille, nos gouvernants veulent
aujourd'hui imposer à tous les enfants de la France,

Ferrer, l'esclave et l'âme vendue des *Loges*, est comme éducateur un véritable monstre.

Le portrait que je vous ai tracé de *Ferrer* n'est pas flatteur ; il a toutefois le mérite de la sincérité. Vous pouvez donc conclure, sans crainte de vous tromper, que l'anarchiste, auteur des troubles de Barcelone, n'est qu'un de ces sinistres bandits politiques qu'on trouve à la tête de toutes les révolutions et que la Franc-Maç.·. paie pour les fomenter.

****

Il me paraît intéressant de revenir à l'époque de l'arrestation de *Ferrer*, d'examiner ses *Amis* et ses *Défenseurs* et de considérer les moyens dont ils se servent pour le soustraire, comme jadis Dreyfus, de néfaste mémoire, aux justes lois de son pays. En première ligne, je vois la *Ligue des droits de l'Homme* (1); puis, le *Comité du parti républicain catalaniste de Paris* qui adresse aux journaux une protestation « contre ce qu'il appelle cette intrigue monstrueuse qui tend à rendre *Ferrer* responsable des incendies et du pillage des églises de Barcelone(2) ». C'est encore un *Comité de Défense des Victimes de la Répression Espagnole*, ayant à sa tête Alfred *Naquet, Laisant*, Charles *Albert* (3).

Ce comité publia, dans le journal de *Jaurès*, l'*Humanité*, un manifeste dans lequel le Gouvernement espagnol est dit « le plus lâche et le plus hypocrite après celui de la Russie... », où l'on demande « la mort des moines espagnols et de leur valet *Alphonse XIII*... »

(1) *La Croix* du 15 septembre 1909.
(2) *Ibid.*
(3) *Ibid.*, du 8 septembre 1909.

où les généraux sont traités de « valets galonnés et les religieux de moinaillerie internationale... ».

Puis, ce sont les *Anarchistes parisiens* (1) qui affichent des inscriptions dans ce goût : « Les Moines veulent la mort de *Ferrer*... » « Les officiers espagnols fusillent nos frères ouvriers. »

C'est enfin la C. G. T. Ces défenseurs improvisés, à qui tous les moyens sont bons pour intimider les juges et les empêcher de rendre leur sentence avec sérénité, ne se sont-ils pas servis de cet indigne procédé d'intimidation en écrivant au fils de *Maura*, premier ministre d'Espagne, alors élève à la Faculté catholique d'Angers, une lettre anonyme qui contenait ces mots : « Si *Ferrer* est exécuté, on t'avertit que ton père le sera aussi (2). » Le directoire maçonnico-révolutionnaire international veut donc, à tout prix, empêcher la condamnation de *Ferrer*, son agent principal pour l'Espagne. Oh ! quelles âmes compatissantes ils ont tous ces révolutionnaires pour l'anarchiste millionnaire qui a organisé les tueries et les ruines de Barcelone ! Mais, combien peu leur importe les pertes de la ville, évaluées à plus de 65 millions de francs ; combien peu leur importe les milliers de saintes et pures victimes massacrées par ce monstre et ses séides. Pour ces pauvres, ces orphelins, ces vieillards jetés à la rue sans foyer, sans pain, par suite de la destruction des maisons d'assistance qui pourvoyaient à tous leurs besoins..., pas une parole de regret, pas un geste de pitié, pas un mot de consolation.

Il ne faut pas l'oublier, le franc-maçon a pour le pauvre et le malheureux une haine aussi profonde que celle qu'il professe envers *Dieu*, son *Eglise* et les forces qui

(1) *La Croix*, du 8 octobre 1909.
(2) *Ibid.*, du 27 octobre.

soutiennent les *États* : la *Magistrature* et l'*Armée*.

En dépit de ces menaces, de ces intimidations, les juges, après un procès que nous étudierons dans un instant, condamnent *Ferrer* à mort.

.*.

A cette nouvelle, ses amis redoublent d'audace et d'activité. Leurs menaces se font plus brutales et plus impérieuses afin d'empêcher l'exécution de la sentence.

Laissons-les s'agiter, et considérons le beau geste de notre grand Pape *Pie X* (1). A peine apprend-il la nouvelle, qu'il s'émeut sur le sort du criminel. Il sait bien que Ferrer est un ennemi déclaré de la religion catholique, il connaît ses crimes; mais le Pape est Père, il désire le pardon du pécheur. Aussitôt, il fait pressentir le gouvernement espagnol par le cardinal *Merry Del Val*, pour savoir s'il consentirait à agréer sa demande en grâce. Malgré tout son désir d'être agréable au Saint-Père, *Maura* fait répondre au cardinal qu'il lui est impossible de faire droit à sa requête.

C'est par l'ambassadeur d'Espagne auprès du Saint-Siège qu'a été révélée à M. *Zanzi* (2), rédacteur au « Corriere d'Italia », cette démarche toute paternelle de *Pie X*.

En vain la fille de *Ferrer*, Mlle *Paz Ferrer*, envoie au jeune roi d'Espagne une supplique des plus ardentes et des plus respectueuses :

« O Roi, dit-elle, qui, comme Dieu lui-même, pouvez
« disposer de la vie ou de la mort, dissipez, par un élan
« de votre noble cœur, l'amertume de mon âme, écoutez
« l'humble et ardente supplique de la fille de *Ferrer*. »

Le jeune souverain fut touché de cette requête. Toute-

(1) *La Croix*, 5 novembre 1909.
(2) *Ibid.*, 21 octobre 1909.

fois, qu'on le sache bien, le droit de grâce, le roi d'Espagne ne peut l'exercer que si les ministres lui en font la demande. Il n'a pas droit d'initiative.

Dans le cas de *Ferrer*, écrivait un journaliste espagnol, M. *Roméo*, correspondant du « Daily Thelegraphic », adversaire pourtant du cabinet *Maura*, dans le cas de *Ferrer*, disait M. *Roméo*, le Gouvernement ne pouvait conseiller au roi le pardon, vu les terribles menaces venues de partout, qu'en cédant à la peur. Tout geste de clémence était impossible, car il eût semblé dicté par la faiblesse et la crainte d'une vengeance de la part des anarchistes. Il est probable que, sans les menaces et les intimidations de ses dangereux amis et de ses imprudents défenseurs, *Ferrer* vivrait encore.

Le 13 *octobre* 1909, après une nuit passée en chapelle, à 6 heures du matin, *Ferrer* a été *fusillé* sous les murs de la forteresse de Montjuich. Il refusa les secours de la religion. Chose à noter, on désigne toujours d'office les soldats du peloton d'exécution. Pour *Ferrer*, dix soldats pour un demandèrent à remplir cette fonction pourtant pénible. Cela prouve combien était grande en Espagne l'impopularité de ce malfaiteur public.

*
*

Ferrer meurt le 13 octobre. Tout est fini, semble-t-il. N'en croyez rien. Au contraire, une nouvelle période commence, l'ère du grand chambardement. Dès le 15, en effet, en France, dans tous les Etats et villes d'Europe, dans les deux Amériques, voire même en Asie, au Tonkin, en Chine et au Japon, se produisent, organisées par la Franc-Maçonnerie, je le prouverai dans un instant, des manifestations en faveur de *Ferrer*, l'innocente victime, disent les Loges, du roi d'Espagne, des Jésuites et du Pape.

Ainsi, l'invisible bâton du chef d'orchestre s'est abaissé et le morceau est joué dans le monde entier avec un remarquable ensemble. En Allemagne, à Bruxelles, à Vienne, à Londres, à Rome, à Lisbonne, tous les journaux juifs et francs-maçons reproduisent le mot d'ordre : fomenter les grèves, organiser des réunions publiques en faveur du martyr de la Libre-Pensée, provoquer des émeutes et des manifestations révolutionnaires sur la voie publique.

L'Italie est certainement l'un des pays où le mouvement Ferreriste prend les plus grandes proportions. Outre que le Pape est grossièrement insulté et accusé faussement par les f∴ m∴ d'avoir ordonné la mort de *Ferrer*, toutes les grandes villes, pendant plusieurs jours, subissent la grève générale ; et cela, comme le dit un manifeste du Maire de Rome, le juif *Nathan*, ancien grand-maître de la Franc-Maçonnerie mondiale, pour protester contre « le meurtre du Penseur et de « l'Apôtre de l'école moderne, meurtre qui sonne comme « une offense à la sainteté de la vie humaine, à la « liberté de la conscience, au progrès social en lutte « contre la réaction... ».

Je ne puis, dans une conférence, vous faire le récit détaillé de toutes ces manifestations à l'étranger, voire même dans toutes les villes de France. J'attirerai seulement votre attention sur ce qui passa à Nantes et à Paris.

A *Nantes* (1), c'est sur une affiche blanche ; or, l'affiche blanche, vous le savez, est réservée aux affiches officielles (il est vrai que les attaches officielles des groupes qui

(1) *Express de l'Ouest*, octobre 1909.

les convoquaient pouvaient faire excuser, à leur sens, cette illégalité), c'est, dis-je, sur une affiche blanche, sur laquelle on avait apposé une « main rouge », que les bons amis du Juif professeur, l'adjoint *Weill*, furent convoqués à la manifestation.

Le jour venu, quelques centaines de braillards, sous une pluie battante, s'époumonnent à crier : « Hou, Hou, la calotte ! Mort aux Curés ! A bas la cléricaille espagnole ! Vive *Ferrer* ! A mort *Alphonse XIII* ! » — Sur le cours Saint-Pierre, où ils se réunissent, le camarade *Moreau*, qui ne sait pas trop ce que peut bien être *Ferrer*, se fatigue sous son parapluie à déblatérer contre le cléricalisme. Pour faire détester les curés par ses auditeurs, il leur sert des phrases comme celles-ci : « Le petit Fran-« çais s'agenouille devant le prêtre à sa naissance, — « il s'y agenouille à son mariage et s'agenouille encore « devant lui *après sa mort.* » Le citoyen *Moreau* n'emballe pas les auditeurs.

Un autre esprit fort propose d'aller continuer la réunion à la cathédrale ; heureusement, son appel, plein de haine, n'est pas écouté. Ce fut tout. Les braillards, estimant qu'ils avaient largement gagné leurs 40 sous, rentrèrent chez eux.

A *Paris* (1), ce fut une autre histoire. Le *Comité de défense espagnole,* — *la Guerre sociale* du sans-patrie Hervé, — *l'Humanité* de l'Allemand Jaurès, — *la Fédération républicaine des étudiants parisiens et futurs professeurs de l'Université,* avaient convoqué tout le ban et l'arrière-ban des bas-fonds parisiens, anarchistes et révolutionnaires de tous poils, à une manifestation monstre par des proclamations où on lisait des phrases comme celles-ci :

(1) *La Croix,* 13 octobre et suivants.

« Ils ont osé. Le crime est accompli... Ferrer est mort. Vive Ferrer ! Il est entré dans la Gloire immortelle. L'Espagne monarchiste, capitaliste et cléricale, escomptant la faiblesse de l'Europe et de l'Amérique, a jeté un *défi* à la conscience mondiale. Le défi est relevé. La vie d'*Alphonse XIII* pour celle de Ferrer. Avec Ferrer la question est mondiale. Ferrer a été condamné sans preuves. Ses juges sont des bourreaux et des assassins. A nous, ce soir, Socialistes, Anarchistes, Membres de la C.G.T., vengeons le Martyr de la Libre-Pensée. »

Les révolutionnaires et les anarchistes entendirent ces divers appels. Le soir, ils étaient 20.000 se dirigeant vers l'Hôtel de l'Ambassade d'Espagne, poussant ces cris bien caractéristiques : « Hou, hou, la calotte ! Mort « aux Curés ! Mort au Pape ! A mort *Alphonse XIII* ! « Vive *Ferrer* ! »

La manifestation se tourne en une véritable émeute. Les briques, les pavés, tout ce qui leur tombe sous la main leur servent d'armes contre la police et la troupe qui cherchent à les contenir et à les empêcher de se ruer sur l'ambassade d'Espagne. Soudain, le citoyen *Browning* se fait entendre, les balles sifflent, elles atteignent de nombreux agents. L'une d'elles, destinée au Préfet de Police, après avoir blessé au visage M. *Lépine*, va frapper le malheureux agent *Dufresne*, qui tombe raide mort.

Devant la répression énergique de la police et de l'armée, la rage des émeutiers n'a plus de borne. Ils abattent les arbres du boulevard, arrachent les bancs, enlèvent les pavés ; ils en forment des barricades. Les devantures des boutiques sont défoncées et les magasins livrés au pillage. Ils s'attaquent sans succès à la devanture d'une succursale du Comptoir d'Escompte . Trois autobus passent, ils les arrêtent et les brûlent. Les kiosques des journaux sont dévalisés, détruits, incendiés. Des reverbères renversés, le gaz s'échappe à flot, ils l'enflamment et produisent au milieu de la nuit toutes les terreurs de l'incendie.

Enfin, la police a raison de ces misérables. Le bilan de leurs exploits, en dehors de toutes les ruines amoncelées, comprend un agent de police tué, 64 agents blessés, sans compter les victimes faites parmi les curieux de ces scènes de désordre. Comme ils ont bien vengé la mort de leur martyr, les anarchistes parisiens!

Si vous désirez vous rendre compte de la moralité de ces misérables, lisez dans leurs journaux du lendemain le récit de leur manifestation. Ils se glorifient de leurs exploits ; bien mieux, ils paraissent heureux de la mort de l'agent Dufresne. Dans *la Guerre sociale*, journal d'Hervé, Hervé lui-même écrit : « J'approuve les citoyens qui, venus pour crier leur indignation, ont riposté à coups de revolver aux coups de sabre des *apaches* de la Préfecture. » C'est Hervé encore qui écrit : « C'est bien nous, les anarchistes, qui avons fait feu, c'est nous qui avons renversé les becs de gaz et avons commis tous les actes de sabotage que les bourgeois déplorent aujourd'hui. » A-t-on idée d'un cynisme pareil ?

Ces misérables protestent contre les juges d'Espagne qui ont condamné *Ferrer* ; mais *Ferrer* a été condamné, puis exécuté après un procès régulier où toutes les lois espagnoles ont été observées. Eux, que font-ils ? Ils tuent pour tuer. Ce sont de vulgaires assassins.

Où sont-ils, ces anarchistes révolutionnaires, le jour de l'enterrement de l'infortuné *Dufresne* ? Tandis que la droite du Conseil municipal de Paris assiste aux obsèques, entourée des membres du Gouvernement, de la police et même de l'Ambassadeur d'Espagne, le socialiste *Chausse*, Président du Conseil, et les radicaux-socialistes, ses collègues, sont absents. Ils n'ont pas compris qu'ils devaient rendre ce suprême honneur à cette noble victime du devoir. Je me trompe, il y avait un radical-socialiste, le Vice-Président du Conseil, le f∴ m∴ *Mossot*, et il en profite pour faire un discours dans lequel, souveraine inconvenance, en présence d'une famille en deuil, en présence de l'Ambassadeur d'Espagne, devant le cadavre de la victime, il glorifie la manifestation révolutionnaire où le malheureux agent a trouvé la mort.

Trois jours après la manifestation du 15 octobre, les rues de Paris retentissent encore des cris stupides : « Hou, Hou, la calotte ! Vive *Ferrer* ! Mort au *Roi* d'Espagne ! Mort au *Pape* ! etc... » Mais, cette fois, les manifestants, au nombre de 60.000, opèrent sous la houlette et la direction de la police, avec l'agrément du Gouvernement ; si bien que, pendant 3 ou 4 heures, ces cris séditieux, proférés contre la religion et un souverain étranger, peuvent impunément se faire entendre devant ces auxiliaires de la justice dont le devoir, en temps ordinaire, consiste à les réprimer.

∗

On a remarqué, Messieurs, et cette observation est très caractéristique, que, dans les manifestations ferreristes, les menaces et les insultes contre le Pape et le Roi d'Espagne ont toujours été plus nombreuses, plus violentes que les cris « Vive Ferrer ! ». La raison en est bien simple. *Ferrer* n'est qu'un prétexte pour les francs-maç∴, véritables organisateurs de ces manifestations ; leur but est de produire une agitation contre l'autorité et contre l'Eglise. Puisqu'il en est ainsi, permettez-moi de mettre bien en évidence le rôle de la *Franc-Maç.·.* dans cette agitation mondiale. Avant toute chose, je vous rappelle que la Franc-Mac.·. est universelle. Elle n'a pas de patrie, parce qu'elle est universelle. Elle n'en aura jamais pour le même motif. Dès 1723 (1), les « Constitutions des fr.·. maç.·. » disent, dans leur article 2 : « Nous sommes de toutes les nations, de toutes les langues, de toutes les familles. »

Voici une autre preuve bien typique de l'universalité de la Maç.·.. Je la puise dans un manuel Maç.·.. Ecoutez ce dialogue entre un vénérable et un apprenti : *Le Vénérable.* — Quelles sont la longueur et la largeur de la Loge ? *L'Apprenti.* —Sa longueur est de l'Orient à l'Occident; sa largeur du Midi au Nord. *Le Vénérable.* — Que signifient ces dimensions ? *L'Apprenti.* — Que la Fr.·. Maç.·. est *Universelle* et qu'elle s'étendra un jour à toute l'humanité. »

Cet aveu contemporain confirme celui de 1723. Il prouve que la fr.·. maç.·. n'est ni espagnole, française, anglaise, allemande, américaine, africaine ou asiatique, et que si, en tous pays, elle sape les trônes et détruit toutes les religions en commençant par le catholicisme, c'est pour atteindre plus sûrement son rêve de domination sur tous les peuples du monde.

La campagne que les Loges maç.·. ont entreprise en faveur du millionnaire *Ferrer*, bien que la personnalité de ce personnage leur soit, croyez-le bien, absolument indifférente, de même que, dans l'affaire Dreyfus, la personne du traître leur importait peu, la campagne, dis-je, entreprise par la F.·. M.·. pour *Ferrer* n'est qu'un

---

(1) Voir *Franc-Maçonnerie démasquée*, du 25 mars 1911.

incident de sa guerre internationale et universelle, d'abord contre tout état monarchique, mais aussi, et surtout, contre le catholicisme,

Comment expliqueriez-vous autrement les cris proférés par ses troupes contre la religion, les jésuites, le Pape lui-même dans toutes les manifestations qui se sont produites dans le monde entier pour l'anarchiste espagnol? Mais, me direz-vous, pouvez-vous nous prouver votre affirmation? Prêtez-moi encore quelques moments d'attention. *Ferrer* n'est qu'arrêté. Quels sont, en dehors du Pape et de sa fille, les personnes ou les comités qui cherchent à l'arracher à ses juges et à lui assurer l'impunité de ses forfaits? Ce sont des fr∴ maç∴ notoires et des groupes maçonniques ou affiliés à la Fr∴ Maç∴ :

La Ligue des droits de l'homme ; le Comité du parti républicain catalaniste de Paris; le Comité de défense des victimes de la répression espagnole; les anarchistes espagnols, etc. etc.; Tous ces groupes, que nous avons déjà nommés, sont affiliés aux Loges. Préférez-vous un document émanant d'une loge elle-même?

En voici un. Je l'extrais du *Bulletin hebdomadaire*, n° 19, du 2 octobre 1909, page 12, bulletin des loges de la région parisienne relevant du Gr∴ Or∴ de France. Ce bulletin contient le fac-simile d'une convocation pour le 7 octobre suivant des Membres de la Loge « la Philosophie Sociale » à l'effet d'étudier la situation du F∴ François *Ferrer*. Dans le corps de cette convocation se trouvent ces lignes : « Tous les francs-maçons qui s'in-« téressent au sort du F∴ *Ferrer* sont instamment « priés de bien vouloir assister à cette tenue. »

C'est dans cette tenue, évidemment, et dans d'autres semblables, que nos bons Trois Points ont élaboré les menaces, les intimidations qu'ils ont ensuite adressées aux juges, Président du Conseil, au roi lui-même pour les contraindre à acquitter *Ferrer*.

Mais, où le rôle de la F∴ Maç∴ se voit de la façon la plus évidente, c'est au lendemain de l'exécution de son agent principal en Espagne. Alors, la F∴ M∴ jette son masque aux orties. Chose rare dans toute son histoire, elle n'a plus ni pudeur, ni retenue. — *Ferrer* est exécuté le 13 octobre. Dès le lendemain, le 14, le Gr∴ Or∴ de France, immédiatement suivi par celui de Belgique et d'Italie, envoie à toutes les puissances maçonniques du monde et à tous ses ateliers un manifeste de protestation contre l'exécution de *Ferrer*.

Nous allons parcourir ces manifestes. Cette lecture vous donnera une idée du style et des pensées des Loges. Elle vous permettra de relever, vous-mêmes, leurs mensonges aussi impudents qu'audacieux.

Voici le manifeste du G∴ O∴ de France :

« Le Grand Orient de France, douloureusement ému « par l'exécution politique de *Ferrer*, après un jugement « sans garantie (1er mensonge), ne peut demeurer silen-« cieux... (1).

« *Ferrer* a été frappé selon la procédure de *l'Inquisi-« tion* où les règles les plus ordinaires de la justice sont abolies. »

(Or, il n'y a plus en Espagne de tribunal de l'Inquisition et *Ferrer* a été jugé par un Conseil de Guerre composé d'officiers.)

« ... La protestation de l'humanité n'a pu le sauver.

L'humanité dont il est ici question, c'est la F∴ Maç∴. Elle avoue donc qu'elle a fait l'impossible pour arracher un acquittement aux juges de Ferrer.)

« *Ferrer* fut des nôtres, car il savait que, dans l'âme « maçonnique, s'exprimait le plus haut idéal qu'il soit

(1) Voir ce document dans *la F∴-Maçonnerie démasquée* du 10 novembre 1909.

« donné à l'homme de réaliser. Il affirma jusqu'à la fin les
« principes de fraternité, de pensée libre, de tolérance. »

(Oh ! combien ! nous en avons vu les effets dans la semaine d'enfer de
Barcelone. Et dire que c'est cela l'idéal M.·. Dieu nous préserve d'en
revoir la réalisation !)

« Ce qu'on a voulu atteindre en *Ferrer*, c'est l'idéal
« M.·.....

« Le Gr.·. Or.·. de France proteste hautement, au nom
« de ses 5oo ateliers répandus sur toute la surface de la
« terre, contre ce sursaut de barbarie. »

(Ne voyez-vous pas dans cette phrase l'aveu que la F.·. M.·. a commandé
les ignobles manifestations ferréristes dans le (monde entier).)

Et enfin : « Le G.·. Or.·. de France salue en *Ferrer*,
« très grand et très bon (oh combien !) un des martyrs
« de la Libre-Pensée. »

Dans l'appel du Gr.·. Or.·. de Belgique (1) nous lisons :
« Le Gr.·. Or.·. de Belgique s'associe à la protestation
« indignée adressée par le Gr.·. Or.·. de France à la
« Mac.·. universelle et au monde civilisé contre la sen-
« tence inique (toujours le mensonge) prononcée et impi-
« toyablement exécutée à l'égard du F.·. Francisco
« *Ferrer*. Puisse le sang de ce nouveau martyr (encore)
« féconder le sol de la malheureuse Espagne !... »

L'appel du Gr.·. Or.·. *d'Italie* (2) est aussi très signi-
ficatif : « François *Ferrer*, honneur de la culture et de la
« pensée moderne, apôtre infatigable de l'idée laïque, a
« été fusillé par ordre des Jésuites (les pauvres Jésuites, ce
« qu'on leur en met sur le dos) dans l'horrible cachot de la for-
« teresse de Montjuich... » Il n'y a pas eu de jugement...
« Ça a été un assassinat... » (Autant de mots, autant de mensonges.)

Complétant le manifeste du G.·. Or.·. d'Italie, l'im-
monde journal f.·. m.·. italien *l'Asino* écrivait :

(1) Voir ce document dans *la Bastille* du 9 octobre 1909.
(2) *Bastille* du 9 octobre 1909.

« Pourquoi le Pape n'est-il pas intervenu ? Parce que
« l'ordre de fusiller *Ferrer* est venu de sa main et qu'il
« ne pourrait par suite demander sa grâce. »

Je vous ai prouvé le contraire. Je ne m'arrête pas à
relever ce mensonge et cette infamie. Au surplus, dans
toutes les manifestations universelles en faveur de *Ferrer*, l'intervention de la F∴ M∴ est si évidente que,
le 21 octobre 1909, on pouvait lire dans *le Journal des
Débats*, parfois si bienveillant pour les Loges :

« Il semble bien qu'un groupement politique inter-
« national ait formé le dessein d'utiliser cette « nouvelle
« affaire » comme une machine de guerre à la fois con-
« tre la Monarchie espagnole et contre le Vatican. Dès
« maintenant, le *mot d'ordre* apparaît distinctement
« d'attribuer à la Papauté un rôle ténébreux, mais actif,
« dans les poursuites et l'exécution de l'ancien directeur
« de l'École moderne.

« La conclusion de tous les articles parus dans les
« journaux du Bloc est une nouvelle déclaration de
« guerre au cléricalisme. Et plusieurs journaux, hors de
« France, donnent la même note.

« On voit s'esquisser une manœuvre à laquelle le *récent*
« *convent* (il s'était tenu comme d'habitude en septem-
« bre) n'est pas étranger, pour remettre au premier plan,
« sous n'importe quel prétexte, la *question anticléricale*,
« la seule qui puisse servir de lien entre les éléments
« discordants groupés naguères sous la bannière radi-
« cale, radicale-socialiste et collectiviste. »

Pour que *le Journal des Débats* mette ainsi en évidence, d'une façon si nette, le rôle de la Fr∴ M∴, dans
l'affaire *Ferrer*, faut-il que ce rôle soit indiscutable ?

Il est certain que, jusqu'à ce jour, jamais, même dans
l'affaire Dreyfus, la F∴ Maç∴ n'avait eu pareille audace.

Prudente comme le serpent, dont elle prend souvent l'image, elle opérait indirectement, elle se cachait derrière les groupements anticléricaux, les dirigeant sans avoir à se découvrir. Elle se dissimulait. Ceux qui connaissent sa manière d'opérer découvraient bien sa présence; les autres, ne l'apercevant pas de leurs yeux, se refusaient à croire à son intervention.

Dans l'affaire *Ferrer*, heureusement dans un sens, la F∴ M∴, consciente de sa force et de sa puissance actuelles, a jeté son masque et s'est montrée telle qu'elle est.

Elle peut être satisfaite de la violence du mouvement qu'elle a déchaîné dans le monde.

Peut-être le sera-t-elle moins en réfléchissant aux conséquences immédiates de sa *mobilisation mondiale*.

Depuis 1909, en effet, bien des yeux se sont ouverts, et bien des esprits ont constaté l'évidence du péril que la Maç∴ fait courir aux nations et aux gouvernements aussi bien qu'au catholicisme.

Ferrer, vraiment *coupable*, a-t-il été légalement jugé, sa condamnation et son exécution ont-elles été régulières ?

C'est ce qui me reste à vous démontrer, afin que vous partiez convaincus que *Ferrer* est un assassin et un bandit, et que la F∴ Maç∴, qui en fait son martyr, qui, pour le défendre, a semé ses manifestes de grossières erreurs et de mensonges éhontés, doit être honnie et méprisée de tout honnête homme et de tout bon français.

Je pourrais, Messieurs, possédant à mon dossier l'acte d'accusation de *Ferrer*, vous prouver, par le menu, la parfaite régularité de la procédure du procès *Ferrer*.

Je craindrais abuser de vos instants. Si quelqu'un, parmi vous, après m'avoir entendu, conserverait encore des doutes, je lui mettrais sous les yeux tous les documents.

La F∴ Maç∴ a dit et laissé dire par ses journaux que *Ferrer* a été jugé par le Clergé et condamné par ordre du Pape.

La vérité est que *Ferrer* a été traduit, non devant un Tribunal ecclésiastique, mais devant un Conseil de Guerre, parce que Barcelone était encore en état de siège. Les audiences ont été publiques. L'accusé, comme son défenseur, avaient le droit de récuser le juge d'instruction, les membres du Conseil de Guerre, les experts. Ils ne se sont pas servis de ce moyen. C'est la preuve qu'ils ont reconnu tous deux la parfaite légalité du Tribunal.

Son défenseur, le capitaine *Galceran*, a pu dire, sans être inquiété, tout ce qui lui paraissait utile à son client ; et, après sa plaidoirie, malgré tous les bruits qu'on a fait courir, il n'a été ni inquiété, ni disgracié.

Au surplus, *Ferrer* a été jugé non sur des *idées*, mais sur des *faits*.

La preuve qu'il a dirigé les émeutiers, qu'il les a commandés, a été faite.

Soixante-dix témoins, la plupart ses anciens disciples, ont déposé librement. Ils ont prouvé sa présence à Barcelone. Ils l'ont vu exciter la populace contre les sœurs et les prêtres, la poussant à incendier les couvents et les églises. Sur ce point, le témoignage du révolutionnaire anarchiste, le sieur *Llarch*, est d'une précision tristement révélatrice.

En Espagne, du reste, personne n'a douté de la régularité du procès *Ferrer*, à telle enseigne que l'Espagne

est le seul pays, avec l'Angleterre, où les manifestations
Ferreristes aient été les plus anodines et les moins nombreuses.

Toutes les phases du procès ont été si régulières qu'un
adversaire du cabinet *Maura*, un journaliste, M. *Romeo*,
écrivit, dans son journal « la Correspondencia de Espa-
ña », du 21 octobre 1909, ces lignes qui se passent de
commentaire :

« Je n'ai pas à me prononcer sur le fond du débat,
« mais je constate : 1° que *Ferrer* a été jugé selon les
« règles existantes de la procédure espagnole, qui, bonnes
« ou mauvaises, sont valables pour tous ;

« 2° qu'un tribunal, composé d'un colonel, de six
« capitaines, dont l'honneur ne peut être mis en doute,
« a jugé selon sa conscience, examinant les faits à la
« lumière de la justice et du bon sens, en dehors de tout
« préjugé politique et de toute intervention gouverne-
« mentale et religieuse. »

Que pourrais-je ajouter à ce témoignage d'un adversaire ? Une seule chose : *l'aveu* du condamné. Après
avoir nié avec impudence, *Ferrer*, se voyant perdu, écrasé
sous le poids de dépositions d'une précision indiscutable,
abandonna le système de la négation pour celui de la
jactance. A la fin des débats, avec un cynisme révoltant,
il s'est glorifié que tous les crimes de Barcelone étaient
le fruit de ses écoles modernes, de ses campagnes et de
ses excitations.

Dès lors, la preuve est faite. Personne ne peut contes-
ter un jugement aussi régulièrement rendu.

Néanmoins, la F.·. Maç.·. ne se tient pas pour bat-
tue. Elle a jadis obtenu la revision du procès Dreyfus,

deux fois condamné ; elle rêve du même succès pour le procès *Ferrer*. Depuis de longs mois, les députés espagnols francs-maçons cherchaient à provoquer devant les Cortès un débat sur la révision du procès *Ferrer*. Ils sont arrivés à leur fin, et, le mardi 27 mars 1911, se sont ouverts au Congrès espagnol les débats désirés.

Chose étonnante et incompréhensible pour ceux qui ne connaissent par les dessous maçonniques, l'avant-veille des débats, le 25 mars, les membres de la Chambre espagnole recevaient d'un certain nombre de parlementaires français, presque tous francs-maç.·., une adresse pour les engager à décider la révision du procès *Ferrer*.

Le but de cet acte, essentiellement maçonnique, n'est pas douteux. C'est une mise en demeure des Loges françaises aux Frères Trois-Points des Cortès d'avoir à prononcer la révision.

Après une interminable discussion, les députés espagnols républicains et socialistes ont renoncé, le 8 avril, à réclamer la révision du procès Ferrer, se contentant de demander au gouvernement la modification du Code militaire, motion qui, du reste, fut repoussée par 179 voix contre 23. Il s'ensuit que, devant l'impartiale histoire, le procès *Ferrer* est régulier. Il est et il restera toujours inattaquable. Morte est donc la légende qui tend à faire passer ce bandit pour un *Martyr*, victime d'un *assassinat juridique* (1).

*
* *

Messieurs, je conclus :

Mauvais époux, père indigne, poltron, voleur, escroc, corrupteur de la jeunesse, anarchiste dangereux, coupa-

(1) *L'Humanité*, 28 mars 1911.

ble du pillage, de l'incendie de plus de 60 églises, orphelinats, couvents, établissements de charité et d'assistance,
— assassin responsable de milliers de victimes, — régi-
cide qui participa à un double attentat, celui de Paris,
rue de Rohan, contre *Alphonse XIII*, et celui de Madrid,
contre le Roi et la Reine d'Espagne, le jour de leur mariage... Voilà *Ferrer !* Ferrer que la justice de son pays
a justement condamné à mort et exécuté sous les murs
de la fo... sse de Montjuich, à Barcelone, après un
procès ré... ier et inattaquable. Voilà l'homme que la
F∴ Maç∴ veut nous faire admirer comme un *Martyr*,
un *Martyr* de la Libre-Pensée. Oh ! combien est digne
de notre dégoût et de notre mépris une institution qui
canonise de pareils bandits !

J'ajouterai, Messieurs, combien il nous importe, à
nous, antisémites et anti-maçons — c'est tout un —,
d'étudier à fond les menées occultes et toujours perni-
cieuses de cette secte d'enfer ; de la dé...asquer, comme
le disait le grand Pape *Léon XIII*, puisqu'elle accomplit
toujours ses crimes dans l'ombre et le mystère, de la
démasquer, dis-je, afin de la voir telle qu'elle est, dans
toute son horreur ; et, ainsi, faire comprendre, à ceux
qui ne s'en doutent pas ou refusent de l'admettre, l'uti-
lité, la nécessité, l'importance capitale de combattre,
sans relâche, cette association d'anti-patriotes et de mal-
faiteurs publics : j'ai nommé la Franc-Maçonnerie.

Encore une fois, *sus à la F∴ Maç∴ Aujourd'hui,
demain, toujours !*

Poitiers. — Imprimerie Blais et Roy, 7, rue Victor-Hugo.